55 GLÜCKS-STERNE

CARIN REITERER

CARIN REITERER VERLAG

Bibliografische Information Der Deutschen Bibliothek

Die Deutsche Bibliothek verzeichnet diese Publikation in der Deutschen Nationalbibliografie; detaillierte bibliografische Daten sind im Internet über http://dnb.ddb.de abrufbar.

Originalausgabe

Umschlaggestaltung: Carin Reiterer
Satz: Carin Reiterer
Printed in Germany
ISBN 978-3-9811541-2-2
Herstellung: Books on Demand GmbH, Norderstedt

I

1. PREIS

STERKRADER GESCHICHTEN-WETTBEWERB

2006

(JOURNAL STERKRADE)

DAS KLEINE MÄDCHEN HAT HEIMWEH

Es war einmal ein kleines Mädchen, das das Glück auf Erden suchte, welches es in seiner Heimat Sterkrade nicht finden zu können glaubte.
Und so zog es in die Welt hinaus.
Viele fremde Städte und Länder lernte es kennen.
Doch mit der Zeit vermißte es Sterkrade immer mehr.
Das kleine Mädchen wurde immer trauriger.
"Was soll ich in fremden Städten und Ländern nur tun ohne meine Familie, ohne meine Freunde?" dachte es wehmütig.
"Ach, wäre ich doch wieder in Sterkrade!
Denn was ist schon die Düsseldorfer Königsallee gegen die Sterkrader Bahnhofstraße?
Der Kölner Dom gegen die Sterkrader Clemens-Kirche?
Der Münchener Viktualienmarkt gegen den Sterkrader Wochenmarkt?
Der Wiener Prater gegen die Sterkrader Kirmes?
Die Mailänder Scala gegen die Sterkrader Kleinstädter-Bühne?
Der New Yorker Central Park gegen den Sterkrader Volkspark?
Der afrikanische Kongo gegen den Sterkrader Rotbach?
Was ist die große Welt gegen mein kleines Zuhause?"

Die Rückkehr nach Sterkrade war für das kleine Mädchen die Antwort auf all diese Fragen. Und so fand das inzwischen zu einer kleinen Dame gewordene Mädchen in seine Heimat zurück. Und wenn es nicht gestorben ist, lebt es noch heute glücklich und zufrieden in seinem geliebten Sterkrade.

In den Sternen

Was
soll
aus
uns
nur
werden
steht
es
vielleicht
in
den
Sternen

Traumwelt

Sich
in
eine
bunte
Traumwelt
flüchten
wenn
die
Wirklichkeit
zu
grau
wird

Einbildung

Er
liebt
mich
auch
jede
Wette

Sich
einbilden
was
man
gerne
hätte

Wahre Träume

Träume
sind
da
um
wahr
zu
werden

Gelöste Rätsel

Rätsel
sind
da
um
gelöst
zu
werden

Lachende Sterne

Ich
möchte
Dir
Sterne
in
die
Augen
lachen
Dich
zum
glücklichsten
Menschen
der
Welt
machen

Mein Stern

Du
bist
mein
Licht
in
der
Dunkelheit
mein
Stern
aus
alter
Zeit
und
wirst
nie
verlöschen

Freude und Verzweiflung

Diese
Freude
wenn
Du
offen
bist
diese
Verzweiflung
wenn
Du
Dich
wieder
zurückziehst
ich
kenne
sie
beide
nur
zu
gut
und
doch
ist
es
immer
wieder
neu

Keine Ruhe

Mein
Herz
findet
keine
Ruhe
bis
Du
Dich
wieder
bei
mir
gemeldet
hast

Eigene Waffen

Du
hast
das
Feuer
eröffnet
doch
ich
werde
nicht
verzagen
und
Dich
mit
Deinen
eigenen
Waffen
schlagen

Verletzte Gefühle

Wer
mit
Gefühlen
spielt
darf
sich
nicht
wundern
wenn
es
Verletzte
gibt

Meine Sonne

Du
bist
meine
Sonne
ich
drehe
mich
um
Dich

Mein Mond

Du
bist
mein
Mond
und
schenkst
mir
Dein
Licht
in
der
Dunkelheit
bis
zum
Ende
unserer
Zeit

BITTE

BITTE
geh
nicht

BITTE
geh
noch
nicht

NICHT

Ich
will
Dich
wirklich

Ich
will
Dich
wirklich

NICHT

Nie mehr wieder

Sag nicht

so etwas
passiert
Dir
nie mehr
wieder

sag das nicht

Vielleicht

Vielleicht
ja
vielleicht
nein
vielleicht
vielleicht
vielleicht
nein
und
vielleicht
ja
doch

Kleiner großer Stern

Ich
hab'
Dich
so
gern
mein
kleiner
großer
Stern

Stern der Liebe

Ich
habe
Dich
so
gern
Wesen
von
einem
anderen
Stern
von
meinem
Stern
der
Liebe

Alte neue Wunden

Bei
jeder
Verletzung
entstehen
alte
neue
Wunden
tief
vergraben
doch
immer
wieder
gefunden

Neue Wunden

Es
wird
immer
wieder
neue
Wunden
geben
hört
das
denn
nie
auf
im
Leben

Verzeiht mir

Ich
werde
weh
tun
müssen

auch
Euch

Ich
werde
weh
tun
müssen

auch
Dir

Verzeiht
mir

Kein Zurück mehr

Ich
werde
verletzen
müssen

auch
Dich

Ich
werde
verletzen
müssen

auch
mich

Es
gibt
kein
Zurück
mehr

Schönster Stern

Du
bist
mein
schönster
Stern
so
nah
und
doch
so
fern

II

DER KLEINE IGEL, DER SEINEN WINTERSCHLAF HALTEN WOLLTE

Der kleine Igel möchte seinen Winterschlaf halten.
Als er es sich in seinem Bett gemütlich gemacht hat,
steigt ihm verführerischer Kaffeeduft in die Nase.
„Einen Kaffee könnte ich jetzt gut gebrauchen", denkt
er und krabbelt aus seinem Bett.
Wenig später fällt ihm ein, daß er ja eigentlich seinen
Winterschlaf halten wollte.
Als er es sich in seinem Bett gemütlich gemacht hat,
beginnen Bauarbeiten vor dem kleinen Igelhaus.
„Bei dem Lärm kommt ja kein Igel zur Ruhe", denkt
er und krabbelt aus seinem Bett.
Wenig später fällt ihm ein, daß er ja eigentlich seinen
Winterschlaf halten wollte.
Als der kleine Igel eingeschlafen ist, schellt das Telefon.
Verschlafen nimmt der kleine Igel den Hörer in die Pfote.
„Kannst Du auch nicht schlafen?" fragt sein bester Freund.
„Möchtest Du einen Tee mit mir trinken?"

III

GESUCHT

Ich suche einen Mann.

Einen Mann, der mich versteht.

Einen Mann, der mich mag.

Einen Mann, der mich liebt.

Ich suche DICH.

IV

GEFUNDEN

Endlich habe ich DICH gefunden.

Alles könnte so schön sein, spräche nicht so vieles dagegen.

Muß ich denjenigen, den ich so sehr und so lange herbeigesehnt habe, wieder hergeben?

Werde ich ihn gehenlassen müssen?

V

ZWEI AUSBRECHER

Komm mit mir.
Ich kann für Dich da sein, wann immer Du mich brauchst.

Ich kann nicht mit Dir kommen.
Zu vieles spricht dagegen.

Komm mit mir.
Ich kann Dich auffangen, wann immer Du willst.

Ich kann nicht mit Dir kommen.
Zu vieles müßte ich aufgeben.

Komm mit mir.
Dafür müßtest Du alles hinter Dir lassen.

Ich kann nicht mit Dir kommen.
Ich bin dazu noch nicht bereit.

Komm mit mir.
Wir gehören zusammen- für immer!

KOMMST DU MIT?

VI

IN IHREN GEDANKEN

Sie sagt, Du
-in ihren Gedanken duzt sie ihn längst-
ich kann Dich glücklich machen.

Sie sagt, Du
-in ihren Gedanken ist er ihr längst ganz nah-
ich werde Dich nicht mehr gehenlassen.

Sie sagt, Du
-in ihren Gedanken liebt er sie längst-
wir werden uns nie mehr loslassen.

Sie sagt, Du
-in ihren Gedanken sind sie längst ein Paar-
wir werden uns niemals mehr trennen.

VII

SIE UND ER

Sie liebte ihn über alles.
Er war ihr Leben.

Sie konnte nicht leben ohne ihn.
Er mußte sie verlassen.

Sie konnte sich nicht lösen von ihm.
Er mußte gehen- endgültig.

Sie sah ihn noch lange winken.
Er schaute ihr noch lange nach.

VIII

NUR EIN WINDHAUCH

Ich werde Dein Leben verlassen.
Wir können nicht zusammensein.
Ich möchte, daß Du Dein Leben weiterlebst
-wie vorher.
Der Abschiedsschmerz wird vergehen.
Doch manchmal wirst Du an mich denken...
einfach so...einen Moment nur...und es wird sein,
als wäre ich bei Dir...ein kurzes Innehalten, wie
ein Windhauch...als wäre nichts gewesen.

IX

MEIN SCHÖNSTES GESCHENK

Mein schönstes Geschenk wollte ich für eine
besondere Gelegenheit aufbewahren.
Ich wartete und wartete auf diese besondere
Gelegenheit, die dieses schönste Geschenk
verdiente.
Gelegenheiten kamen und gingen, doch keine
erschien mir besonders genug für mein schönstes
Geschenk.
Und so vergingen viele Jahre.
Ich dachte nicht mehr an mein schönstes
Geschenk.
Doch eines Tages fand ich mein schönstes
Geschenk wieder- unbenutzt und verstaubt.
Mein schönstes Geschenk habe ich nie verschenkt
-ich behielt es für mich.

X

DAS NICHTS

Ich fühle mich wie ein Nichts.

Hast Du nichts erreicht?
Nein, ich habe nichts erreicht im Leben.

Hast Du wirklich nichts geschafft?
Nein, ich habe nichts geschafft im Leben.

Hast Du wirklich gar nichts Wertvolles?
Nein, mein Leben ist wertlos.

Doch, Du hast etwas ganz Wichtiges.
Was soll das sein?

Du hast Dich selbst.

XI

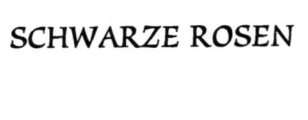

SCHWARZE ROSEN

Rosen sind ihre Lieblingsblumen
-die Rosen, die fast schwarz sind.

Wieso das?
Trägt sie Trauer?

Nein, das ist die Farbe der
Existentialisten.

Rosen sind ihre Lieblingsblumen
-die Rosen, die fast schwarz sind.

XII

SIE WAR NETT

Sie war so nett,
daß ihr nichts gelang.

Sie war so nett,
daß sie immerzu ausgenutzt wurde.

Sie war so nett,
daß sie niemals respektiert wurde.

Sie war so nett,
daß ihr niemals Hilfe angeboten wurde.

Sie war so nett,
daß sie irgendwann daran zerbrach.

Woran es lag?
Sie war ganz einfach ZU nett.

XIII

DIE TRAUER

Eine fürchterliche, gräßliche Trauer überkommt sie.
Ist es die Trauer um ihr gelebtes Leben?
Ist es die Trauer um ihr ungelebtes Leben?
Ist es die Trauer um ihr geliebtes Leben?
Ist es die Trauer um ihr ungeliebtes Leben?
Oder ist es die Trauer um etwas anderes?
Um etwas, das nicht sein kann?
Um etwas, das nicht sein darf?
Niemand weiß, warum sie trauert.
Niemand weiß, worum sie trauert.
Niemand weiß, wann es wieder soweit ist.
Fest steht nur, daß die fürchterliche, gräßliche Trauer
sie wieder überkommen wird.

XIV

DAS ZERSTÖRTE GESICHT

Ein makelloses Porzellangesicht.

Ein Schnitt.
Noch einer.
Und noch einer.
Blut rinnt über das Gesicht.

Endlich fühlt sie sich wohl.

XV

SPURLOS

Sie verschwand eines Tages- einfach so.
Niemand hat sie je wiedergesehen.
Man fand nie eine Spur von ihr.

Ich möchte mich auflösen.
Ich werde eins mit der Leere,
die ich in mir spüre.

Mein Tod wird nur körperlich sein.
Meine Seele habe ich längst zu Grabe
getragen.

Soll ich am Leben bleiben, nur um meinen
eigenen Tod zu beweinen?
Das erscheint sinnlos.

Sie verschwand eines Tages- einfach so.
Niemand hat sie je wiedergesehen.
Man fand nie eine Spur von ihr.

XVI

DER SPRUNG

Spring nicht.
Ich war immer bei Dir.

Ich möchte aber springen.
Ich möchte nicht mehr alleine sein.

Spring nicht.
Ich bin immer bei Dir.

Ich möchte aber springen.
Ich möchte nie mehr alleine sein.

Spring nicht.
Ich werde immer bei Dir sein.

Ich möchte aber springen.
Ich möchte niemals mehr alleine sein.

DANN SPRING ENDLICH!

XVII

DER KUSS

Es traf sich so, daß sie und ihr Liebster oft
getrennt waren.
Um die Wartezeit bis zu ihrem Wiedersehen
zu überbrücken, schickte sie ihm einen Kuß.
Der Kuß machte sich unverzüglich auf den Weg
und lief, so schnell er konnte.
Viele Abenteuer hatte er zu überstehen und
viele Hindernisse zu überwinden.
Er überquerte alle Weltmeere und alle Wüsten
der Erde.
Und seine Füße trugen ihn immer weiter.
Er suchte und suchte und suchte.
Er bemühte sich redlich, konnte den Liebsten aber
nicht finden.
Fast hätte er die Hoffnung aufgegeben.
Da erspähte er den Liebsten- am Ende der Welt.
Er tippte ihm auf die Schulter, stellte sich höflich vor,
nahm Anlauf- und landete mitten auf dem Mund.

Nachtrag: Für den Kuß war die Reise aber noch nicht
beendet, da er postwendend zurückgeschickt wurde!

Einsamkeit

Umgeben
von
vielen
Menschen
sein
und
sich
unverstanden
fühlen

Einsamkeit

Hilflose Wut

Alles
zerschlagen
wollen
alles
zerstören
wollen

Hilflose
Wut

Verzweiflung (wieder einmal)

Wieder einmal
geschworen
alles
zu zerstören
was sich mir
in den Weg
stellt
wieder einmal
kein Licht
am Ende
des Tunnels
zu sehen

Es tut weh

Ich
mag
Dich
so
sehr
daß
es
weh
tut

Mögen

Ich
mag
Dich
sehr

Ich
mag
Dich
mehr

Wirklich

Warum
glaubst
Du
es
mir
nicht

Du
ich mag Dich
ich mag Dich
wirklich

Du und ich

Ich
laufe
hin
ich
laufe
her
Du
ich mag Dich
ich mag Dich
so sehr

Diese
Erklärung
fällt
mir
wirklich
schwer
Du
ich mag Dich
ich mag Dich
immer mehr

Nur Dich

Ich
will
nur
Dich
...und
zwar
für
mich!

Schön

Wenn
Du
lachst
ist
das
Leben
schön

so
schön

Diese Frage

Diese
Frage
ehe
ich
sie
versäume

Sag
wem
erzählst
Du
Deine
Träume

Inniglich

Was
ich
schreibe
ist
nur
für
Dich
denn
ich
liebe
Dich
so
inniglich

Verdreht

Ich möchte
über
meinen Schatten
springen
immerzu
meine Liebe
zu Dir
besingen
mich
niemals mehr
gegen
Deine Liebe
wehren
mein Inneres
nach außen
kehren

Genau umgekehrt

Du schenkst mir
Dein Glück
und
gibst mir
mein Lachen
zurück
ich möchte mich
in
Deiner Welt
verlaufen
und
kehre
mein Inneres
nach außen

Dieses Leben

Ins
eiskalte
Wasser
geworfen
werden
und
sehen

ich
kann
schwimmen

I DAS KLEINE MÄDCHEN HAT HEIMWEH
II DER KLEINE IGEL, DER SEINEN WINTERSCHLAF HALTEN WOLLTE
III GESUCHT
IV GEFUNDEN
V ZWEI AUSBRECHER
VI IN IHREN GEDANKEN
VII SIE UND ER
VIII NUR EIN WINDHAUCH
IX MEIN SCHÖNSTES GESCHENK
X DAS NICHTS
XI SCHWARZE ROSEN
XII SIE WAR NETT
XIII DIE TRAUER
XIV DAS ZERSTÖRTE GESICHT
XV SPURLOS
XVI DER SPRUNG
XVII DER KUSS

1 In den Sternen
2 Traumwelt
3 Einbildung
4 Wahre Träume
5 Gelöste Rätsel
6 Lachende Sterne
7 Mein Stern
8 Freude und Verzweiflung
9 Keine Ruhe
10 Eigene Waffen
11 Verletzte Gefühle
12 Meine Sonne
13 Mein Mond
14 BITTE
15 NICHT
16 Nie mehr wieder
17 Vielleicht
18 Kleiner großer Stern
19 Stern der Liebe
20 Alte neue Wunden
21 Neue Wunden
22 Verzeiht mir
23 Kein Zurück mehr
24 Schönster Stern

25 Einsamkeit
26 Hilflose Wut
27 Verzweiflung (wieder einmal)
28 Es tut weh
29 Mögen
30 Wirklich
31 Du und ich
32 Nur Dich
33 Schön
34 Diese Frage
35 Inniglich
36 Verdreht
37 Genau umgekehrt
38 Dieses Leben